Wolfgang Schnepper

Fußballwunder Ferenc Puskas

Wolfgang Schnepper, Jahrgang 1964, Diplomsportlehrer,
Ex-Bezirksligaspieler im Fußball,
Fußballabitur mit der Note "sehr gut"
1988-89 in der deutschen Triathlonspitze,
1990 Bayerischer Meister im Body-Building,
1998 Konditionstrainer im bezahlten Fußball
2003 - 2006 Sportlehrer an einer Gesamtschule

Bibliografische Informationen der Deutschen
Nationalbibliothek: Die Deutsche Nationalbibliothek
verzeichnet diese Publikation in der Deutschen
Nationalbibliografie; detaillierte bibliografische Daten sind
im Internet über http://dnb.d-nb.de abrufbar.

©2020 Wolfgang Schnepper
Herstellung und Verlag: Books on Demand
Norderstedt
Satz und Layout: Wolfgang Schnepper

ISBN 978-3-7526- 0557-0

Inhalt

Ferenc Puskas

Ferenc Puskas Biro (sein vollständiger Name) wurde am 1. April 1927 in Budapest geboren. Er verstarb am 17. November 2006. Seine Körpergröße war 1,66 m, er war der geborene Stürmer.

Ferenc Puskas und Alfredo Di Stefano waren wohl die besten Fußballer ihrer Zeit. Beide hatten das Pech, nie Fußball-Weltmeister zu werden. Ferenc Puskas spielte dabei sogar in der besten Nationalmannschaft zu dieser Zeit, vielleicht sogar der besten Nationalmannschaft aller Zeiten.

Ich habe dieses Buch geschrieben, damit dieser Ausnahmefußballer nicht in Vergessenheit gerät.

Doch lesen sie selbst alles über diesen "Pechvogel", der der große Verlierer bei der Fußballweltmeister-schaft 1954 war.

Das Wunder von Bern war für Puskas eine Tragödie.

Ferenc Puskas

Ferenc Puskas Biro (sein vollständiger Name) wurde am 1. April 1927 in Budapest geboren. Er verstarb am 17. November 2006. Seine Körpergröße war 1,66 m, er war der geborene Stürmer.

Die Karriere von Ferenc PuskasVereine als Spieler im Seniorenbereich:

1942 – 1956: Budapest Honved FC   (349 Spiele / 358 Tore)
1958 – 1966: Real Madrid   (179 Spiele / 155 Tore)

Nationalmannschaft:

1945 – 1956: Ungarn (85 Spiele / 84 Tore)
1961 – 1962: Spanien (4 Spiele / 0 Tore)
An dieser Stelle müssen wir erwähnen, dass Puskas nach 1956 nie mehr seine alte Form erreicht hat, und ab diesem Zeitpunkt unter den weltbesten Spielern nicht mehr hervorsticht.

Stationen als Trainer:
1967: Hercules Alicante
1967: San Francisco Golden Gate Gales
1968: Vancouver Royals
1968 – 1969: CD Alaves
1970 – 1974: Panathinaikos Athen
1975: Real Murcia
1975 – 1976: Colo Colo Santiago
1976 – 1977: Saudi-Arabien
1978 – 1979: AEK Athen
1979 – 1982: Al-Masry

Fernenc Puskas

1985 – 1986: Club Sol de America

1986: Cerro Porteno

1989 – 1992: South Melbourne Hellas

1993: Ungarn

Das Leben und die Karriere von Ferenc Puskas

Der Vater von Ferenc Puskas hieß Franz Purczeld und lebte von 1903 bis 1952. Er war selber Fußballspieler des FC Kispest und nach seiner aktiven Laufbahn als Trainer tätig. Puskas Mutter lebte von 1904 bis 1976, und war im Haushalt tätig. Puskas heiratete im Jahr 1949, seine Ehe mit seiner Frau Erzsebet hielt bis zu seinem Tod. Aus dieser innigen Verbindung stammt seine Tochter Aniko.

Ferenc Puskas wurde am 1.4.1927 in Budapest geboren und starb am 17. November 2006. Er wuchs in Kispest auf, ein Vorort von Budapest. Er lebte hier in einem großen Mehrfamilienhaus mit 32 Erwachsenen und 132 Kindern. Zu dieser Zeit war der Fußballsport für fast alle Jungen von hoher Bedeutung in Ungarn. Der beste Freund von Puskas hieß Jozsef Bozsik, und wohnte direkt in der Nachbarwohnung.
Die beiden wurde von Puskas Vater trainiert und betreut, da er schnell erkannte, dass die Beiden ein hohes Talent zeigten. Bereits mit 15 Jahren spielte Puskas in der Seniorenmannschaft von Kispest, sein Vater übernahm den Trainerposten.
Sein erstes Spiel über die gesamte Spielzeit war im Herbst 1943, weil wegen einer Virusgrippe mehrere Spieler ausfielen. Da er bereits mit 15 Jahren bei den Senioren aktiv war, erhielt er den

Fernenc Puskas

Spitznamen „Puskas Öcsi", auf deutsch „kleiner Bruder".

Der Kispesti AC wurde 1949 dem ungarischen Sportministerium unterstellt, und bekam den neuen Namen „Budapesti Honved".

Jetzt begann die große Zeit von Ferenc Puskas.

Der Verein wurde zu einem Armeeclub und die Spieler erhielten einen militärischen Rang. Puskas erhielt den Offizierstitel und wurde **„der galoppierende Major"** genannt.

In dem ersten Jahr erzielte er 50 Tore für Budapesti Honved und gewann seinen ersten Meistertitel. Gleichzeitig war Puskas Verein das beste ungarische Team, und stellte die meisten Spieler für die ungarische Nationalmannschaft.

Puskas holte mit Honved insgesamt sechsmal die ungarische Meisterschaft, einmal den „Osterpokal" und wurde viermal Torschützenkönig.

1945 wurde er in die ungarische Nationalmannschaft berufen, und traf gleich im ersten Länderspiel gegen Österreich.

Die Nationalmannschaft um den Mannschaftskapitän Puskas wurde zur erfolgreichsten ungarischen Mannschaft aller Zeiten, und wird auch als eine der stärksten Mannschaften der Welt (bis heute) gehandelt.

Vom 14. Mai 1950 bis zum WM-Finale am 4. Juli in Bern verlor dieses Team nicht ein einziges Spiel, und das bei 32 Pflichtspielen. Und mit welchem Pech dieses Spiel verloren ging, hatten wir zuvor schon ausführlich erörtert.

Den ersten großen Titel holte diese „Wundermannschaft" mit der olympischen Goldmedaille 1952 in Helsinki, natürlich war Puskas dabei.

Fernenc Puskas

Der nächste Erfolg kam 1953. Sie holten den Europapokal der Fußball-Nationalmannschaften in Italien. Dieser Wettbewerb ging damals über Jahre, und war ein Vorläufer der heutigen Fußball-Europameisterschaft.

Auch hier wurde Puskas mit zehn Toren Torschützenkönig des langgezogenen Wettbewerbs. Am 25. November 1953 sah die Welt das spektakulärste Spiel dieser **„Wunderelf"**, welches damals **„Spiel des Jahrhunderts"** oder einfach nur „6:3" genannt wurde. Die ungarische Nationalmannschaft mit Puskas spielte in der „Festung" des Wembley-Stadions gegen die Engländer. Diese wurden bis dahin noch nie in einem Heimspiel von einer europäischen Mannschaft des Festlands geschlagen. Bis hier dürfte jedem klar sein, dass die Ungarn mit 6:3 gewannen. Sie zeigten hierbei einen Offensivfußball, den die Welt noch nicht gesehen hatte. Sie spielten ein 4-2-4 System, damals für die anderen Mannschaften undenkbar. Normalerweise spielten die Ungarn aber mit einem 3-2-5 System. Puskas erzielte zwei Tore, und die Engländer waren geschockt. Die gegnerischen Fans machten sich noch zuvor über seine Körpergröße (Puskas war ja relativ klein) und sein Übergewicht lustig. Außerdem war er kopfballschwach, und konnte nur mit links schießen.

Puskas sehenswertes Tor, bei dem er den Ball perfekt zurückzieht, damit den Gegenspieler ausspielt, und kurz darauf ins Tor schießt, ist in vielen Fußball-Dokumentarfilmen zu sehen. In Ungarn wird dieses Tor immer noch das "Tor des Jahrhunderts im Spiel des Jahrhunderts" genannt. Für Puskas war dieses Spiel der schönste Augenblick in seiner Karriere. Dieses und das noch schlimmer

ausfallende 7:1 im Rückspiel im Mai des folgenden Jahres, in dem Puskas wieder der entscheidene Spieler war, gelten bis heute als die schlimmsten Niederlagen in der Geschichte des englischen Fußballs.

Und dann war es soweit, die Ungarn reisten 1954 als hoher Favorit zur Weltmeisterschaft in die Schweiz. Der Weltmeistertitel war zum Greifen nah.

Fußball-Weltmeisterschaft 1954
(Das Wunder von Bern)

Die Endrunde der Fußball-Weltmeisterschaft 1954 fand vom 16. Juni bis zum 4. Juli 1954 in der **Schweiz** statt. Wir beschreiben diese Weltmeisterschaft etwas genauer, weil Deutschland vollkommen unerwartet, dieses Turnier gewann. Es war die fünfte Weltmeisterschaft, für die sich 16 von 38 Nationalmannschaften qualifizierten. Sie traten zunächst in Gruppen-, und danach in Ausscheidungsspielen gegeneinander an.

Diese Weltmeisterschaft war die erste, die auch **offiziell die Bezeichnung Fußball-Weltmeisterschaft** zugesprochen bekam. Der Austragungsmodus war allerdings noch nicht absolut fair, die WM aber im Praktischen perfekt organisiert, und alle Mannschaften, die sich qualifizierten, erschienen auch.

Die Spiele wurden in sechs verschiedenen schweizer Städten ausgetragen. Insgesamt fanden 26 Begegnungen statt, die von fast 900.000 Menschen in den Stadien besucht wurden. 1954 besaßen auch schon sehr viele Haushalte Fernsehgeräte, so dass zum ersten Mal mehrere Millionen Menschen die Veranstaltung von zu Hause aus mitverfolgen konnten. Weiterhin wurden erstmalig in der Geschichte der Fußball-Weltmeisterschaften die Spiele direkt übertragen.

Exkurs: 1954 besaßen lediglich 61.000 Haushalte offiziell einen Fernseher, allerdings gehen wir davon aus, dass mindestens 40.000 Haushalte jeweils einen nicht angemeldeten Fernseher besaßen. Rechnen wir pro Fernseher zehn Zuschauer, dann haben allein in Deutschland schon eine Millionen Menschen jedes Turnierspiel verfolgt.

WM 1954

1958 stieg die Anzahl der Fernsehgeräte schon auf 2,1 Millionen an, woran die WM 1954 nicht ganz unschuldig war. Jetzt beobachteten schon etwa 10 Millionen Deutsche die Fußball-Weltmeisterschaft live im Fernsehen, 1962 waren es wohl schon knapp 15 Millionen bei 7,2 Millionen Fernsehgeräten.

Austragungsorte

Die Spiele der Fußball-Weltmeisterschaft von 1954 wurde in sechs schweizer Städten ausgetragen.

Zürich

Im **"Hardturmstadion"** fanden fünf Vorrundenspiele statt, sowie das Spiel um Platz drei. Das 34.800 Plätze umfassende Stadion war das kleinste Stadion der Weltmeisterschaft, hatte aber im Schnitt 22.600 Besucher, und damit mehr als das größere Stadion in Genf. Insgesamt gingen 113.000 zu den sechs Spielen. Mit lediglich 13.000 Zuschauern hatte das Spiel Ungarn gegen Südkorea die wenigsten Zuschauer, die dann aber mit 9 Toren belohnt wurden. Zum kleinen Finale zwischen Österreich und Uruguay kamen dann mit 32.000 die meisten Zuschauer, und das Stadion war fast gefüllt.

Basel

Das Stadion in Basel wurde innerhalb eines Jahres gebaut, und am 24. April 1954 mit dem Namen **"St.-Jakob-Stadion"** eröffnet. Die Schweizer nannten es liebevoll **„Joggeli"**.
Es umfasste 54.800 Zuschauerplätze, und war Austragungsort von

vier Vorrundenspielen, einem Viertelfinalspiel und dem Halbfinale zwischen Österreich und Deutschland.

Interessanterweise kamen zum Halbfinalspiel Deutschland gegen Österreich 58.000 Zuschauer, und zwischen dem Vorrundenspiel zwischen England und Belgien lediglich 14.000. Allerdings fielen hier acht Tore.

Bern

Das **"Stadion Wankdorf"** in Bern war mit 64.000 Sitzplätzen das größte Stadion dieser Fußball-Weltmeisterschaft.

In dem für vier Millionen Schweizer Franken umgebauten und erweiterten Stadion wurden drei Vorrundenspiele, ein Viertelfinale und das Endspiel ausgetragen. Hier kamen insgesamt fast 195.000 Zuschauer. Zum Endspiel erschienen fast 63.000 Besucher, davon überwiegten die Deutschen deutlich.

Genf

Im Stadion **„Stade des Charmilles"** der Stadt Genf fanden drei Spiele der Vorrunde und das Viertelfinale statt. Es umfasste damals 36.000 Zuschauer, allerdings wurden die vier Partien lediglich von knapp 54.000 besucht.

Das Stadion, sehr nah an der Grenze zu Frankreich, war ein reines Fußballstadion. Die meisten Besucher kamen zum Spiel Frankreich gegen Mexico, hier waren es über 19.000. Das Spiel der Türkei gegen Südkorea verfolgten nur 4.000 Menschen im Stadion. Hier fielen aber immerhin sieben Tore.

# WM 1954

Lausanne

Im Stadion **"Stade Olympique de la Pontaise"**, das für 7,5 Millionen Schweizer Franken neu gebaut wurde, fand am 16. Juni 1954 das Eröffnungsspiel zwischen Jugoslawien und Frankreich statt (nur 16.000 Besucher).

Weiterhin trug man hier zwei weitere Vorrundenbegegnungen, ein Viertelfinale und das Halbfinale Uruguay gegen Ungarn aus. Die Begegnungen wurden von fast 164.000 Menschen in dem Stadion besucht, die meisten davon sahen das Halbfinale zwischen Titelfavorit Ungarn und dem Titelverteidiger Uruguay, und sahen wohl das zweitbeste Spiel des Turniers. Hier fielen sechs Tore in 120 Minuten.

Lugano

Im Stadion **"Stade di Cornaredo"** trug man nur ein Vorrundenspiel aus, Italien gegen Belgien. 24.000 Zuschauer waren im Stadion dabei, welches maximal knapp 36.000 aufnehmen konnte.

Exkurs: Aus heutiger Sicht nicht mehr denkbar, campierten doch die Spieler der Nationalmannschaften von Brasilien und der Schweiz nur 20 Meter voneinander entfernt in Magglingen. Die deutsche Nationalmannschaft schlug ihre Stätte während der Fußball-Weltmeisterschaft in Spiez auf.

Wir dürfen an dieser Stelle nicht vergessen, dass die Unterkünfte im Gegensatz zu heutigen Verhältnissen sehr spartanisch waren. Auch die medizinische oder physiotherapeutische Betreuung, Regenerationsmaßnahmen oder -möglichkeiten, spezielle Diäten,

psychologische Betreuung usw. waren damals wesentlich geringer ausgeprägt bis gar nicht vorhanden.

Für die Endrunde der Fußball-Weltmeisterschaft 1954 in der Schweiz waren also Belgien, Italien, Schweiz, Deutschland, Jugoslawien, Tschechoslowakei, England, Österreich, Türkei, Frankreich, Schottland und Ungarn aus Europa qualifiziert, Brasilien und Uruguay aus Südamerika, Mexico aus Nord- bzw. Mittelamerika und Südkorea aus Asien.

Nach der Auslosung kam es zur folgenden Gruppeneinteilung:

Gruppe 1: Brasilien, Frankreich, Jugoslawien, Mexico

Gruppe 2: Ungarn, Türkei, Deutschland, Südkorea

Gruppe 3: Uruguay, Österreich, Schottland, Tschechoslowakei

Gruppe 4: England, Italien, Schweiz, Belgien

Austragungsmodus

Die Fußball-Weltmeisterschaft 1954 fand unter einem sehr umstrittenen Modus statt. Dieser wurde zu recht von vielen Experten als unfair eingestuft. Die 16 Nationen bildeten vier Gruppen mit jeweils vier Mannschaften.

Aber in jeder Gruppe gab es zwei gesetzte und zwei ungesetzte Mannschaften, d.h., die ungesetzten Teams spielten nicht gegeneinander,und jede Mannschaft spielte in der Vorrunde nur zweimal. Selbst für den Laien dürfte dieses auf Unverständnis stoßen.

Ein Sieg wurde, wie wir alle wissen, zu dieser Zeit mit zwei Punkten

belohnt. Endete die reguläre Spielzeit mit einem Unentschieden, wurde um zweimal 15 Minuten verlängert. Nach dieser Verlängerung erfolgte bei einem Remis kein Elfmeterschießen, sondern eine Punkteteilung.

Für das Viertelfinale qualifizierten sich die beiden vorderen Mannschaften jeder Gruppe. Bei der Platzierung wurde allerdings das Torverhältnis nicht gewertet (das war wohl auch logisch, weil nicht jede Mannschaft gegeneinander antrat). Bei Punktgleichheit auf dem zweiten und dritten Platz käme es dann logischerweise zu einem Entscheidungsspiel.

Bei Punktegleichheit der ersten beiden Plätze entschied das Los über den Gruppensieg. Also konnte auch eine Mannschaft mit einem schlechteren Torverhältnis als Gruppensieger gewertet werden.

Die Sache wird aber noch etwas komplizierter und wirrer bei anderen Extremfällen. Sollten z.B. alle vier Mannschaften einer Gruppe nach den Vorrundenspielen mit gleicher Punktzahl darstehen, hätte es ein Entscheidungsspiel zwischen den beiden gesetzten und den beiden ungesetzten Teams gegeben (diese Möglichkeit trat aber bei dieser WM nicht ein).

In diesem Extremfall wäre es dann schließlich doch zu einer kompletten Gruppenphase gekommen.

Eine Punktegleichheit zwischen drei Nationalmannschaften war aus mathematischer Sicht unmöglich. Ein Unentschieden in diesem möglichen Entscheidungsspiel hätte zu einer Verlängerung geführt, wäre auch hier kein Sieger ermittelt worden, hätte das Los den Sieger bestimmt.

Nach der Vorrunde verlief das Turnier mit seinen Regeln absolut fair weiter. Ab dem Viertelfinale fand das Turnier im K.-o.-System

statt, bei dem sich natürlich der Sieger für die nächste Runde qualifizierte, und der Verlierer nach Hause fahren konnte.

Bei einem Unentschieden kam es zunächst zu einer Verlängerung, erbrachte dies auch keine Entscheidung, sollte der Sieger durch das Los ermittelt werden. Das Endspiel wäre bei einem Unentschieden sogar neu angesetzt worden, und bei einem weiteren Remis hätte im zweiten Finale das Los die Fußball-Weltmeisterschaft 1954 entschieden.

Vorrunde

Gruppe 1

Platzierung	Land	Spiele	S	U	N	Tore	Punkte
1.	Jugoslawien	2	1	1	0	2:1	3:1
2.	Brasilien	2	1	1	0	6:1	3:1
3.	Frankreich	2	1	0	1	3:3	2:2
4.	Mexiko	2	0	0	2	2:8	0:4

Wir erkennen an dieser Tabelle sofort, dass Jugoslawien mittels Losentscheid Gruppensieger wurde.

Das Eröffnungsspiel der Endrunde mit den 16 Finalisten wurde am 16. Juni 1954 zwischen Jugoslawien und Frankreich in Lausanne ausgetragen. Hier schoss Milos Milutinovic bereits in der 15. Minute das entscheidene Tor zum 1:0 für die Jugoslawen.

Im zweiten Spiel dieser Gruppe fertigte Brasilien die Mexikaner mit 5:0 ab.

Jetzt kam es zum Duell zwischen Brasilien und Jugoslawien, welches eine extrem spannende Partie wurde. Nach 120 Minuten stand es dann gerecht 1:1. Interessanterweise schoss Didi das Tor für Brasilien, den späteren zweifachen Weltmeister, und für Jugoslawien erzielte Branko Zebec das Tor, ein späterer Bundesliga-Trainer in Deutschland.

Hiermit waren beide Mannschaften für das Viertelfinale qualifiziert. Das letzte Spiel gewann Frankreich mit 3:2 gegen Mexiko, aber trotzdem mussten beide Mannschaften nach Hause fahren.

Gruppe 2

Platzierung	Land	Spiele	S	U	N	Tore	Punkte
1.	Ungarn	2	2	0	0	17:3	4:0
2.	Deutschland	2	1	0	1	7:9	2:2
3.	Türkei	2	1	0	1	8:4	2:2
4.	Südkorea	2	0	0	2	0:16	0:4

In der Gruppe 2 spielten zunächst Ungarn gegen Südkorea. Hier war Ungarn der haushohe Favorit, sie waren ebenfalls für die gesamte Fußball-Weltmeisterschaft favorisiert. Die Ungarn begeisterten schon seit Jahren die ganze Welt mit ihrem hervorragenden Offensivspiel. Gegen den WM-Neuling Südkorea siegten sie schließlich auch deutlich mit 9:0.

Danach trat Deutschland gegen die gesetzten Türken an. Die Deutschen waren in einer ausgezeichneten Verfassung, woran das

vierzehntägige Trainingslager, das kurz zuvor in Grünwald bei München stattfand, nicht ganz unschuldig war.

Allerdings war **Sepp Herberger** zunächst schnell „bedient". Deutschland geriet bereits nach drei Minuten in Rückstand. Doch der Spielmacher **Fritz Walter** war sehr gelassen, und dirigierte das Spiel mit größter Ruhe und Sorgfalt. Nach etwa 15 Minuten konnte Schäfer zum 1:1 ausgleichen.

Doch trotz einer eindeutigen Überlegenheit der Deutschen, blieb die Spannung bis zur 50. Minute, hier erzielte Klodt endlich das 2:1. Danach konnte Deutschland schließlich schnell und leicht durch **Ottmar Walter und Max Morlock** auf das Endergebnis von 4:1 erhöhen. Auch nach diesem klaren Sieg glaubte kaum jemand auf der Welt an einen Weltmeister-Titel für die Deutschen. Diese Einschätzung war auch objektiv gesehen vollkommen richtig, denn zwei Dinge, die später eintraten, konnte niemand vorausahnen.

Und jetzt wurde der Stratege Sepp Herberger offensichtlich. Nach dem eindeutigen Sieg gegen die gesetzten Türken, schien ein Weiterkommen in greifbare Nähe gerückt. Gegen Ungarn bot Herberger nur ein Reserveteam auf, um viele Stammspieler zu schonen. Sepp Herberger wusste vor dem zweiten Gruppenspiel zwei Dinge:

1. Wir können in der Vorrunde gegen Ungarn nicht gewinnen, weil kein Regen in Sicht (!) ist, dazu später mehr.

2. Nach der absehbaren Niederlage erfolgt ein Entscheidungsspiel gegen die Türkei. Darum ist es von Vorteil, wenn wir die Regenerationsphase einiger Spieler verlängern (wir dürfen hier nicht vergessen, dass damals die Regenerationsmaßnahmen

noch lange nicht die Qualität der heutigen hatten; denken wir hier allein an die optimierte Ernährung, Eistonne, aktive Erholung usw.). Wie erwartet, verloren die Deutschen das Spiel. Die Ungarn zeigten ihr großes Können, und gewannen mit 8:3. Gleichzeitig besiegten die Türken Südkorea mit 7:0.

Alles trat ein, wie Sepp Herberger es vorherberechnet hatte, die Deutschen mussten ein zweites Mal gegen die Türkei antreten. Deutschland gewann das Spiel mit 7:2, und war für das Viertelfinale qualifiziert. Der hervorragende Max Morlock erzielte hier drei Treffer.

Gruppe 3

Platzierung	Land	Spiele	S	U	N	Tore	Punkte
1.	Österreich	2	2	0	0	6:0	4:0
2.	Uruguay	2	2	0	0	9:0	4:0
3.	Tschecho-slowakei	2	0	0	2	0:7	0:4
4.	Schottland	2	0	0	2	0:8	0:4

Natürlich war der amtierende Weltmeister Uruguay ein weiterer Titelfavorit. Souverän gewannen sie 2:0 gegen die Tschechoslowakei und 7:0 gegen Schottland, die nächste Runde war erreicht.

Wiederum setzten sich die Österreicher 1:0 gegen Schottland und 5:0 gegen die Tschechoslowakei durch. Obwohl Österreich eine schlechtere Tordifferenz gegenüber Uruguay aufwies, wurden sie durch das Los zum Gruppensieger erklärt.

WM 1954

Gruppe 4

Platzierung	Land	Spiele	S	U	N	Tore	Punkte
1.	England	2	1	1	0	6:4	3:1
2.	Schweiz	2	1	0	1	2:3	2:2
3.	Italien	2	1	0	1	5:3	2:2
4.	Belgien	2	0	1	1	5:8	1:3

Die Gruppe 4 war von höchster Spannung geprägt. Im Spiel England gegen Belgien gab es eigentlich nur einen Favoriten. Aber die Engländer blamierten sich ein wenig, und kamen nach einer Verlängerung nicht über ein 4:4 hinaus.

Im folgenden Spiel besiegte der Gastgeber Schweiz das Team aus Italien mit 2:1. An dieser Stelle muss erwähnt werden, dass die Italiener klar überlegen waren. Doch die Schweizer waren mit ihrer praktizierten **Riegelvariante** (s. Exkurs S. 70) nicht zu überwinden und taktisch optimal aufgestellt.

Gegen die Engländer verloren die Schweizer allerdings mit 2:0, die Briten waren somit als Gruppensieger für das Viertelfinale qualifiziert.

Im nächsten Spiel gewannen die Italiener gegen Belgien mit 4:1, und hielten ihre Chancen auf das Viertelfinale aufrecht. Aufgrund der Punktgleichheit von Italien und der Schweiz, musste ein Entscheidungsspiel ausgetragen werden. Nachdem die Italiener mit einer großartigen Leistung 4:1 gegen Belgien gewonnen hatten, gingen sie erneut als Favorit ins Spiel. Aber es sollte anders kommen, die Schweizer schossen die Südeuropäer mit 4:1 ab.

Das klägliche Scheitern des zweimaligen Weltmeisters, und der Viertelfinaleinzug der Schweiz waren somit die ersten beiden Überraschungen der Fußball-Weltmeisterschaft 1954.

Viertelfinalspiele

Berichten wir zuerst über das Viertelfinalspiel zwischen dem Gastgeber Schweiz und Österreich, das in Lausanne ausgetragen wurde. Dieses Duell ist bis heute noch das torreichste Spiel der WM-Geschichte, welches als **„Hitzeschlacht von Lausanne"** berühmt wurde. Nach nur 23 Minuten führten die Schweizer bereits 3:0. Doch dann begann das erste kleine **„Wunder"** dieser WM. Vor Ende der ersten Halbzeit führte Österreich plötzlich mit 5:3, die Schweiz konnte aber kurz vor der Halbzeit noch auf 5:4 verkürzen. In der zweiten Hälfte geht das Drama weiter, es folgen das 6:4, 6:5 und das 7:5. Überraschend hatte Österreich die Schweiz aus dem Turnier geworfen.

Im zweiten Viertelfinale trafen der Titelverteidiger Uruguay und England aufeinander, zwei Mannschaften, die als Favoriten gehandelt wurden.
Bereits nach knapp fünf Minuten konnten die Südamerikaner durch Carlos Borges goalen, er nutzte die Verwirrtheit der englischen Hintermannschaft aus, und staubte zum 1:0 ab. In der 16. Minute gelang dem englischen Mittelstürmer Nat Lofthouse allerdings der Ausgleich. Uruguay ließ sich dadurch aber nicht beirren, erzielte ein weiteres Tor in der 39. Minute, und erhöhte kurz nach der Halbzeitpause sogar auf 3:1. Die Engländer kämpften jetzt wie die

„Löwen", waren aber spielerisch absolut enttäuschend. Letztendlich siegte Uruguay, der amtierende Weltmeister, verdient mit 4:2.

Im dritten Viertelfinale traf Deutschland auf die favorisierten Jugoslawen. Aber hier beginnt die Geschichte „**Das Wunder von Bern**" mit dem ersten kleinen Wunder der Deutschen Fußball-Nationalmannschaft. Nach nur neun Minuten ging sie durch ein unglückliches Eigentor von Horvath in Führung.
Jetzt begann die große Abwehrschlacht der Deutschen, die Jugoslawen griffen unaufhörlich an. Aber der deutsche Torwart **Toni Turek** hatte den „Arbeitstag" seines Lebens, er hielt einfach alles, und auch das Glück war auf seiner Seite.
In der 85. Minute konnte Helmut Rahn sogar einen Konter der deutschen Mannschaft verwerten, und auf 2:0 erhöhen. Deutschland stand überraschend im Halbfinale.

Doch kommen wir zum letzten Viertelfinale, welches mit größter Härte und teilweise Unfairness geführt wurde. Die Ungarn siegten unschön mit 4:2, die Brasilianer verloren Nilton Santos und Humberto mittels Roter Karte, die Ungarn Bozsik durch dieselbige. Nach dem Spiel, das als „**Schlacht von Bern**" einging, prügelten sich die Spieler in den Kabinengängen weiter.

WM 1954

Halbfinale

30 Juni 1954, 18.00 Uhr in Basel:
BR Deutschland – Österreich

30. Juni 1954, 18.00 Uhr in Basel:
Ungarn – Uruguay

Im Halbfinale Deutschland gegen Österreich waren die Deutschen wiederum nicht der Favorit. Nach einem schwachen Beginn erzielte Schäfer das 1:0 für Deutschland. Erst in der zweiten Hälfte ging es dann so richtig weiter. Kurzzeitig dominierte Österreich das Spiel, doch Turek glänzte wieder mit tollen Paraden, und völlig unerwartet gelang Max Morlock nach einer Ecke von Fritz Walter das 2:0.
Einige Minuten später verkürzte Österreich auf 1:2, aber jetzt kam die Stunde der deutschen Mannschaft. Fritz Walter schoss mit einem Elfmeter das 3:1, Österreich geschockt, spielte wie gelähmt weiter. Das Spiel endete 6:1 für Deutschland, Fritz Walter traf noch einmal, und Ottmar Walter erzielte noch zwei Treffer.
Überraschend hatte die deutsche Nationalmannschaft das Finale erreicht.

Im zweiten Halbfinale spielte gleichzeitig Ungarn gegen Uruguay. Obwohl Uruguay der amtierende Weltmeister war, galten die Ungarn als haushoher Favorit.
Die Ungarn führten auch schon 2:0, als sie in der regulären Spielzeit noch das 2:2 hinnehmen mussten. Während der Verlängerung spielte aber nur noch eine Mannschaft, der ungarische Stürmer

Kocsis erzielte zwei Treffer zum 4:2 Endstand. **Ungarn stand wie erwartet im Finale.** Kaum noch einer zweifelte am Turniersieg dieser Mannschaft.

Spiel um Platz 3

3. Juli 1954, 17.00 Uhr in Zürich

Im Zürcher Hardturmstadion wurde am 3. Juli das Spiel um Platz drei ausgetragen, das Endspiel fand einen Tag später statt. Der jetzt entthronte Weltmeister Uruguay und die Mannschaft aus Österreich spielten nun gegeneinander.

Die erschienen Zuschauer waren von dem Spiel wenig begeistert. Die Österreicher schienen fitter und motivierter als ihre südamerikanischen Gegner. Erstens waren sie wohl noch etwas geschwächt aus der Partie mit Verlängerung gegen Ungarn, zweitens spielten sie diesmal nicht um den Titel, sondern nur um Platz drei. An dieser Stelle sollte noch niemand ahnen, dass die „große Zeit" für Uruguay für immer vorbei sein sollte, zumindest bis zur Fußball-Weltmeisterschaft 2018 (bei der Fertigstellung dieses Buches war diese WM noch nicht ausgetragen).

In der 16. Minute ging Österreich schließlich durch Ernst Stojaspal mit einem Foulelfmeter in Führung. Zwei Minuten später konnte Uruguay durch Juan Hohberg ausgleichen. In der zweiten Hälfte erhöhte **Österreich** aber auf 3:1, und **sicherte sich den dritten Platz.**

 # WM 1954

Finalspiel

Deutschland – Ungarn
4. Juli 1954 um 17.00 Uhr in Bern (Wankdorfstadion)

Zuschauerzahl: 62500
Schiedsrichter: William Ling aus England

Startaufstellung Deutschland:	**Startaufstellung Ungarn:**
Toni Turek	Gyula Grosics
Werner Kohlmeyer	Jeno Buzanszky
Horst Eckel	Gyula Lorant
Josef Posipal	Mihaly Lantos
Karl Mai	Jozsef Bozsik
Werner Liebrich	Jozsef Zakarias
Helmut Rahn	Sandor Kocsis
Max Morlock	Nandor Hidegkuti
Fritz Walter	Ferenc Puskas
Hans Schäfer	Zoltan Czibor
Trainer: Sepp Herberger	Mihaly Toth
	Trainer: Gusztav Sebes

 # WM 1954

Das Endspiel

In diesem Endspiel um die Fußball-Weltmeisterschaft, welches später das **„Wunder von Bern"** genannt wurde, war Ungarn der absolute Favorit, und Deutschland krasser Außenseiter. Doch die Deutschen bekamen unerwartet zwei „Joker" zugespielt, Ferenc Puskas trat mit einer Knöchelverletzung an, und es regnete (dazu, wie schon erwähnt, später mehr).

Trotz seiner Verletzung schoss Ferenc Puskas Ungarn schon nach sechs Minuten in Führung. Er konnte einen abgeprallten Schuss von Kocsis verwerten. Nur zwei Minuten später erhöhte Czibor auf 2:0, das Spiel schien schon früh gelaufen.

Doch in der 11. Minute verkürzte Max Morlock auf 2:1. Im weiteren Verlauf starteten die deutschen Spieler eine Angriffswelle nach der anderen, und Helmut Rahn konnte nach einem Eckball von **Fritz Walter den Ausgleich** erzielen. Bei diesem Tor half der ungarische Torhüter Grosics durch einen „Riesenpatzer" mit.

Nun waren die Ungarn voller Wut, und übernahmen das Spielgeschehen wieder. Der Druck auf das deutsche Tor wurde in der zweiten Hälfte noch mehr verstärkt. Der Ungar Hidegkuti traf aber nur den Pfosten, Kocsis nur die Querlatte, Kohlmeyer rettete auf der Linie und der deutsche Torhüter hielt mit Perfektion den Rest.

Auch in den letzten Minuten blieb das Glück auf deutscher Seite. Sechs Minuten vor Spielschluss nahm Flügelstürmer **Helmut Rahn** eine schlecht abgewehrte Flanke auf, zog vom Strafraumeck ab, und erzielte mit einem Flachschuss das *3:2 für Deutschland*.

Danach wurde Puskas auch noch ein zweiter Treffer wegen angeblicher Abseitsstellung(!) aberkannt, und Schiedsrichter William Ling pfiff das Spiel schließlich ab. **Deutschland war zum ersten Mal Fußball-Weltmeister.** Zwei Jahre lang hatten die Ungarn kein Spiel mehr verloren, und nun geschah dies bei ihrem wichtigsten Match. Was war geschehen?

Exkurs: Warum haben die Ungaren dieses Endspiel verloren?

Die Hauptursache für den deutschen Erfolg war der **Regen** während des Endspiels, und das ist kein schlechter Witz. Ohne den Regen hätte Deutschland keine Chance gegen Ungarn gehabt.
Die von **Adolf „Adi" Dassler** entwickelten Fußballschuhe mit Schraubstollen verschafften den deutschen Spielern den entscheidenden Vorteil.
Während die durch den Dauerregen aufgeweichten Schuhe der ungarischen Spieler ihr Gewicht auf 1500 Gramm verdoppelten, wogen die Schuhe der deutschen zu diesem Zeitpunkt lediglich 700 Gramm. Die neuen Schuhe von Adidas nahmen kein oder nur wenig Wasser auf, außerdem boten die neuen Schraubstollen einen viel besseren Halt auf dem aufgeweichten Untergrund. Nach unserer Überzeugung waren diese beiden Faktoren der Hauptgrund für den Sieg der deutschen Nationalmannschaft.
So, jetzt können schlaue „Füchse" sagen, „was machen denn 800 Gramm bei einem Körpergewicht von 65 bis 85 Kilogramm der einzelnen Spieler aus"?

Die positiven Auswirkungen von Wettkampfschuhen werden noch

heute von vielen Sportlern unterschätzt. Gehen wir hier einmal zum Langstreckenlauf der Leichtathletik. Die Läuferinnen und Läufer im vorderen Feld tragen ausschließlich leichte Laufschuhe, im hinteren sehen wir oft eine schwere Fußbekleidung. Man könnte nun zu folgender Schlussfolgerung kommen, dass die guten Platzierungen über das Gewicht der verwendeten Schuhe erzielt werden. Das ist natürlich nicht so, weil die schwereren Läuferinnen und Läufer auch meistens die schweren Trainingsschuhe im Wettkampf tragen.

Fragt man die betreffenden Personen, warum sie die schweren Schuhe tragen, bekommt man meistens folgende Antwort:"Ich brauche die Dämpfung für meine Gelenke, sonst halte ich den Wettkampf nicht durch". Aber diese Argumentation stimmt nicht, denn je stärker die Dämpfung eines Schuhs, desto mehr Energie geht verloren.

Jahrzehntelang entwickelte die Industrie irgendwelche Dämpfungssysteme in den Schuhen wie Schaum, Luftpolster, Waben usw. Geholfen hat das aber überhaupt nichts, die Verletzungshäufigkeit blieb gleich, die Laufzeiten wurden aber schlechter. Die Läuferinnen und Läufer konnten sich allerdings einfach beim Auftritt in den Schuh fallen lassen, mussten sich dann aber mit umso größerer Kraft wieder abdrücken, was für ein Paradoxon.

Nun haben Wissenschaftler alle biomechanischen bzw. physikalischen Gesetze entdeckt, und bei den Laufschuhen werden sie wieder vergessen, traurig aber wahr.

Es wurde einfach nicht bedacht, dass die Muskulatur über eine Speicherfähigkeit der Auftrittskraft verfügt, und diese beim Abdruck wieder abgibt (kennt jeder aus dem kleinen Gummiball,

auch Flummi genannt, aus der Kindheit, den man auf den Fliesen fallen lässt, und der dann immer wieder springt mit relativ geringem Höhenverlust).

Doch kommen wir zurück zum Schuhgewicht. Das Gewicht am Fuß hat mindestens die 10-fach negative Wirkung wie die gleiche Masse, die am Rücken eines Sportlers fixiert ist. Warum das so ist, erscheint relativ schnell logisch, da der Fuß am Ende des „Hebels" liegt. Der Rumpf, einschließlich Becken, wird nur in der Beschleunigungsphase beschleunigt, und dann auf gleicher Geschwindigkeit gehalten. Die Beine, aber vor allem die Füße, müssen nun bei jedem Schritt wieder angehoben und beschleunigt werden. Damit ist klar, warum sich hier ein höheres Gewicht besonders negativ auswirkt. Die Laufgeschwindigkeit wird geringer, und der Energieverbrauch auf gleicher Strecke wesentlich höher.

Die ungarischen Spieler hatten nun im Regen 800 Gramm Schuhgewicht mehr zu beschleunigen und zu tragen, nach unserer Meinung war dies der Hauptgrund der verlorenen Fußball-Weltmeisterschaft 1954. Diesen Sachverhalt können wir auch empirisch belegen. Bei Zeitmessungen über 20 Meter aus dem Hochstart (ohne Reaktionszeit) ergaben sich hier erhebliche Zeitunterschiede des gleichen Athleten mit diesen unterschiedlichen Schuhgewichten von einmal 700 und 1500 Gramm. Mit den schwereren Schuhen waren die Sportler im Schnitt 0,15 Sekunden langsamer (elektronische Zeitmessung, die wir in der Halle auf Tartanboden vornahmen). Das entspricht etwa einen Unterschied von 1,3 Metern auf dieser kurzen Strecke, hinzu kommt noch der höhere Energieverbrauch mit den schweren Schuhen, der bei 90 Minuten Spieldauer extrem sein muss. Die ungarischen Spieler hatten also gegen Ende des Spiels einen

wesentlich höheren Ermüdungsgrad.

Hinzu kam auch noch, dass Puskas Verletzung noch nicht ganz auskuriert war, und ihm ein Tor wegen Abseits aberkannt wurde.

Fassen wir zusammen: Die Ursache für die Niederlage der Ungaren war der Regen, der Hauptgrund, die hiermit verbundenen schweren Schuhe. Vergessen dürfen wir jedoch auch nicht die Verletzung von Puskas und sein nicht anerkanntes Tor.

Belohnung der deutschen Spieler

Für den Titel erhielt jeder Spieler lediglich 1000 Mark, was heute etwa 10.000 Euro entspricht. Nach langen Verhandlungen zahlte der DFB noch einmal zusätzlich 200 DM pro Einsatz. Darüber hinaus erhielt jeder Spieler der Endspielmannschaft einen Goggomobil-Motorroller der Firma Glas. Zusätzlich bekamen alle Spieler mehrere Fernsehgeräte und Geschenkkörbe. Wir erkennen hier deutlich die Verdienstunterschiede der Fußballspieler von 1954 und der Gegenwart. Stetig sind die Gehälter der Fußball-Profis gestiegen, und haben heute zum Teil nicht gerechtfertigte Summen erreicht.

Aber wir dürfen nicht vergessen, dass es viele Vertrags-Amateure in der Bundesliga gibt, die relativ wenig verdienen, und jederzeit in obere Amateurklassen abrutschen können. Hier müssen sie sich dann mit Gehältern zwischen 500 und 3000 Euro pro Monat abfinden, in der Regionalliga sind auch bis zu 6000 Euro möglich.

Der Fußball-Markt ist ein knallhartes Geschäft, und nur wenige werden hiermit „superreich", aber in den anderen Sportarten ist dies noch extremer. Wer wird z.B. schon durch den Tischtennissport ein Millionär?

WM 1954

Die ungarische Nationalmannschaft konnte auch nach dem verlorenen WM-Finale 1938 eine weitere große Chance auf die Weltmeisterschaft nicht nutzen. Der WM-Titel blieb der „Goldenen Elf" verwehrt, in ganz Ungarn herrschte Verbitterung und große Enttäuschung.

Puskas absolvierte insgesamt 85 Länderspiele für Ungarn, eine damalige Weltrekordzahl, die erst 1957 vom Engländer Billy Wright mit dessen 86. Spiel überboten wurde.

Nach der Weltmeisterschaft spielte Puskas noch einige Zeit für Honved Budapest und die ungarische Nationalmannschaft. Dann kam das Ende der „Goldenen Elf", und vermutlich das Ende der großen ungarischen Fußballgeschichte für alle Zeiten. Der „Ungarische Volksaufstand" brach aus. Zu dieser Zeit war Puskas wegen eines Europapokalspiels mit Honved in Bilbao. Wegen der unsicheren Lage in Ungarn begab sich die Mannschaft vorerst nicht in ihre Heimat zurück. Sie organisierten eine nicht genehmigte Reise, die schließlich bis Südamerika reichte.

Die sowjetische Armee konnte letztendlich den Aufstand in Ungarn niederschlagen. Jetzt beschloss Puskas in Wien zu bleiben, er wollte mögliche Bestrafungen in seiner Heimat umgehen. In diesem Jahr brach die „Goldene Elf" für immer auseinander.

inige Spieler blieben wie Puskas im Ausland, andere kehrten trotz möglicher Strafen nach Ungarn zurück.

1957 unterzeichnete Puskas einen Vertrag beim Wiener Sportclub. Allerdings erhielten alle emigrierten Spieler aus Ungarn keine Spielerlizenz, und so musste Puskas seine Fußball-Karriere erst einmal beenden. Weiterhin hatte der ungarische Fußballverband durchgesetzt, dass er wegen der Emigration von der FIFA für 18 Monate gesperrt wurde. Puskas wechselte daraufhin seinen Wohnsitz nach Italien, etwas später nach Spanien.

Nach Ablauf der Sperre wollte er schließlich in Italien aktiv werden, aber kein Verein wollte ihn. Puskas war mittlerweile über 30 Jahre alt und hatte weiter an Gewicht zugelegt. Alle hielten ihn für zu alt und zu dick. Doch sie hatten Ferenc Puskas unterschätzt. Noch einmal sollte eine große Zeit für ihn kommen.

Doch was geschah bei dem ungarischen Volksaustand und warum kam es dazu?

 # Ungarischer Volksaufstand 1956

Der Ungarische Volksaufstand beschreibt die bürgerlich-demokratische Revolution (ungarisch forradalom) und den Freiheitskampf (ungarisch szabadságharc) von 1956 in der Volksrepublik Ungarn, bei denen sich starke gesellschaftliche Kräfte gegen die Regierung der kommunistischen Partei und der sowjetischen Besatzungsmacht erhoben.

Die Revolution startete am 23. Oktober 1956 mit einer friedlichen Großdemonstration der Studenten der Universitäten in Budapest, die eine echte Demokratie forderten. Die Regierung ließ allerdings in die schnell wachsende Menge schießen. Ein bewaffneter Kampf brach aus.

Innerhalb vo wenigen Tagen wurde die Einparteidiktatur durch eine Regierung unter der Leitung von Imre Nagy abgelöst.

Ungarn verließ den Warschauer Pakt aus, erklärte seine Neutralität und forderte die Sowjetarmee zum Verlassen des Landes auf.

Der Freiheitskampf versiegte mit der Invasion der durch Einmarsch verstärkten weit übermächtigen Sowjetarmee, die am 4. November 1956 eine pro-sowjetische Regierung unter János Kádár bildete. Die Kämpfe gegen diese dauerten in Budapest eine Woche, an manchen Orten mehrere Wochen, im Gebirge jedoch bis Anfang 1957. Der Westen unterstützte die Aufständischen so gut wie gar nicht und auch die Nato hielt sich komplett bedeckt. Die Gefahr eines Weltkrieges war wohl zu groß.

Nach der Niederschlagung des Freiheitskampfes wurden hunderte Aufständische durch die kommunistischen Machthaber hingerichtet, zehntausende wurden eingesperrt oder interniert.

 # Ungarischer Volksaufstand 1956

Hunderttausende Ungarn flohen vor der Diktatur in den Westen, darunter auch Ferenc Puskas (bzw. er kehrte von einem Auswärtsspiel nicht in sein Land zurück). Der Aufstand wurde vom Kádár-Regime stets als „Konterrevolution" verstanden, die öffentliche Nennung als Revolution wurde bestraft. Seit 1989 ist der 23. Oktober ein Nationalfeiertag in Ungarn.
Erst 1989/90 wurde Ungarn endlich neutral, und gehört seit 2004 der EU an.

Ferenc Puskas bei Real Madrid und ihre Vorgeschichte

Ein Freundschaftsspiel im Dezember 1956 zwischen Honved und Real Madrid endete 5:5. Nach diesem Spiel verpflichtete Santiago Bemabeu, der Präsident von Real Madrid, den Manager von Honved, Emil Östreicher als sportlichen Berater.
Seine erste Aufgabe war es, Verstärkungen für Real Madrid zu suchen. Östreicher dachte zuerst an die „lebende Legende" Ferenc Puskas, so dass er zuerst nach Italien reiste, und mit Puskas über einen Wechsel nach Madrid diskutierte.
Obwohl Real Madrid bereits mit drei Siegen in Folge zur dominierenden Mannschaft im Europapokal der Landesmeister geworden war, zeigten sie Interesse an Puskas, dessen Sperre abgelaufen war.

Ferenc Puskas

Puskas wanderte schließlich in Spanien ein, seine ehemaligen Kollegen aus der ungarischen Nationalmannschaft, Kocsis und Czibor folgten ihm.

Puskas schoss mit Alfredo Di Stefano Real Madrid an die Spitze des europäischen Fußballs. Die Madrilenen gewannen mit Puskas sechsmal die Meisterschaft und dreimal den Europapokal der Landesmeister.

In seinem ersten Jahr bei Real Madrid gewannen diese zum vierten Mal in Folge den Europapokal, zuvor hatte Puskas mit dem Siegtor im Halbfinale Atletico Madrid aus dem Wettbewerb geworfen.

Im Finalspiel kam es allerdings zu einer verwirrenden Entscheidung des Trainers. Er setzte Mateos gegen Stade de Reims ein, Puskas musste weichen. Mateos konnte seinen Einsatz sogar rechtfertigen, er schoss im Europapokal-Finale das 1:0 für Real Madrid.

Als Santiago Bernabeu hörte, dass Puskas nicht in der Mannschaftsaufstellung war, wurde der argentinische Coach trotz des Gewinns des Europapokals prompt und fristlos entlassen (ja, damals herrschten andere Gesetze).

Im Endspiel des Europapokals 1960 mussten die Madrilenen gegen Eintracht Frankfurt antreten. In diesem Endspiel wirkte Ferenc Puskas mit, und wie. Das Spiel gewannen sie mit 7:3, Puskas erzielte vier Tore, und mit zwölf Treffern in sieben Spielen wurde er auch Torschützenkönig des Europapokal-Wettbewerbes von 1960.

Doch die „große Zeit" des Ferenc Puskas ging nach 1960 langsam zu Ende. 1962 erzielte der schon 35 Jahre alte Puskas im Endspiel gegen Benfica Lissabon noch drei Tore, aber die Madrilenen verloren mit 5:3.

Ferenc Puskas

Die Vorherrschaft des Verein Real Madrid in Europa näherte sich dem Ende. Alle Leistungsträger der großen Mannschaft waren bereits über 30 Jahre alt. Eine Verjüngung sollte mit dem 19-jährigen Pele vom FC Santos aus Brasilien stattfinden, mit dem Santiago Bernabeu einen Vorvertrag abschloss. Allerdings hielt dieser seine Vereinbarungen nicht ein, und Pele blieb „daheim".

Doch bleiben wir bei Puskas. Er wurde in Spanien viermal Torschützenkönig, und bekam 1961 endlich die spanische Staatsbürgerschaft. Jetzt konnte er für Spanien an der Weltmeisterschaft 1962 in Chile antreten. Doch sein Fußball-Genie war aufgrund seines Alters schon verblasst, Spanien schied bereits in der Vorrunde aus.

Puskas wurde zwar noch einmal am 23. Oktober 1963 in die Fußball-Weltauswahl gegen England berufen, es war aber sein letztes Spiel in einer internationalen Auswahl. Ferenc Puskas gehörte nicht mehr zu den weltbesten Spielern. In seinen vier Spielen für Spanien erzielte er zudem kein einziges Tor.

Puskas trat 1966 mit 39 Jahren als Spieler zurück, seine aktive Laufbahn war zu Ende. Von 1958 bis 1966 blieb er allerdings der Publikumsliebling von Real Madrid.

Die Trainerstationen von Ferenc Puskas

Die Trainerstation von Puskas begann 1967 in Spanien bei Hercules Alicante, danach trainierte er Mannschaften in den USA und Kanada. Hiernach kehrte er nach Spanien zurück, und trainierte hier den CD Alaves.

Aber nach nur einem Jahr wechselte er zu Panathinaikos Athen (1970 – 1974). Hier hatte er die größten Erfolge als Trainer. 1970 und 1972 wurde er griechischer Meister, 1971 führte er seinen Verein in das Finale des Europapokals der Landesmeister.
Im Endspiel verloren sie allerdings mit 0:2 gegen Ajax Amsterdam, deren Trainer kein geringerer war als Johan Cruyff.
In den Jahren danach coachte er in Spanien, dann die saudi-arabische Fußballnationalmannschaft, dann wieder Griechenland und zwischen 1979 und 1982 einen ägyptischen Verein.

1981 wagte sich Puskas schließlich wieder in das zum damaligen Zeitpunkt unverändert kommunistische Ungarn. Zuerst besuchte er das Grab seiner Eltern. Dann nahm er am Spiel einer Seniorenauswahl im Budapester Nepstadion teil. Als der Stadionsprecher seinen Namen verlas, feierten ihn die Zuschauer mit tosendem Applaus, obwohl das kommunistische Regime bemüht war, das Idol in Vergessenheit geraten zu lassen.
1992 kehrte Ferenc Puskas für immer nach Budapest zurück. Der Weltenbummler war wieder nach Hause zurückgekehrt.

1985 bis 1986 war er zuvor in Paraguay noch einmal als Trainer tätig, 1989 bis 1992 war er noch einmal als Trainer in Australien erfolgreich. Er holte mit South Melbourne Hellas die australische Meisterschaft und den Pokal.
1993 übernahm er kurz die Leitung des ungarischen Nationalteams, konnte sie aber nicht für die Fußball-Weltmeisterschaft qualifizieren.

 # Ferenc Puskas

Lebensabend von Ferenc Puskas

Im Jahr 2000 verschlechterte sich der Gesundheitszustand von Puskas dramatisch. Neben der Alzheimer-Krankheit hatte er noch weitere gesundheitliche Probleme. Die teure medizinische Behandlung brachte ihn zusätzlich in große Geldnot. Jetzt zeigten sich die wahren Freunde von Puskas. Real Madrid bzw. Alfredo Di Stefano (zu diesem Spieler folgt unten noch ein ausführliche Beschreibung) organisierten im Jahre 2002 eine Sammlung für ihren alten Freund.

2002 musste Puskas ins Krankenhaus, dort besuchte ihn seine Frau täglich, das Hospital sollte er aber nicht mehr verlassen.

Im September musste Puskas mit einer schweren Lungenentzündung auf der Intensivstation behandelt werden. Am 17. November 2006 verstarb er, ganz Ungarn trauerte um sein Fußball-Idol.

Am 9. Dezember 2006 wurde Puskas in Form eines Staatsbegräbnisses in der St.-Stephans-Basilika beerdigt, eine Ehre, die bis zu diesem Zeitpunkt nur Königen und Heiligen vorbehalten war.

Weiterhin wurde dieser Tag zum nationalen Trauertag ausgerufen. In den Stunden vor der Beerdigung wurde er im nach ihm benannten **„Puskas Ferenc Stadion"** aufgebahrt, und zehntausende Menschen nahmen dort von ihm Abschied.

 # Literaturverzeichnis

Andreas Bauer: *Das Wunder von Bern: Spieler, Tore, Hintergründe. Alles zur WM 54*. Wißner-Verlag, Augsburg 2004; ISBN 3-89639-426-6

Friedebert Becker: *Fussball-Weltmeisterschaft 1958*. Copress, München 1958 (Lizenzausg. für den Bertelsmann Lesering)

Werner Skrentny: Fußballweltmeisterschaft 1958 Schweden. AGON, Kassel 2002 ISBN 3-89784-192-4

Süddeutsche Zeitung WM-Bibliothek: *1958 Schweden*. München 2005 ISBN 3-86615-157-8

Markus Schäflein (Redaktion): *1966, England*. Süddeutsche Zeitung, München 2006, ISBN 3-86615-155-1

Olaf Edig, Daniel Meuren, Nicole Selmer: *Fußballweltmeisterschaft 1966 England*. Agon, Kassel 2006, ISBN 3-89784-208-4.

Harry Valerien (Hrsg.): *Fußball 74 – Weltmeisterschaft*. Südwest Verlag, München 1974, ISBN 3-517-00450-2.

Hennes Weisweiler (Hrsg.): X. *Fußballweltmeisterschaft Deutschland 1974*. C. Bertelsmann Verlag, München 1974, ISBN 3-570-00036-2.

Christoph Biermann et al.: *1974 Deutschland. Süddeutsche Zeitung WM-Bibliothek*. Süddeutsche Zeitung, München 2005, ISBN 3-86615-156-X.

Harry Valerien: *Fussball-WM '86 Mexiko*, Südwest, 1986, ISBN 3-517-00894-X

Valérien, Harry: *Fußball WM'90 Italien*, 1990, Verlag Südwest, ISBN 3-517-01191-6.

 # Literaturverzeichnis

Martin Curi: Friedenreich – Das vergessene Fußballgenie. Verlag die Werkstatt, 2009, ISBN 978-3-89533-646-1.

Anke Dörrzapf: Fußballgötter, Baumhaus Verlag 2009, ISBN 978-3-8339-2453-8.

Manfred Claßen, Wolfgang Schnepper: Spielsysteme im Fußball, Books on Demand Norderstedt 2013, ISBN 978-3-8482-5143-8.

Manfred Claßen, Wolfgang Schnepper: Konter im Fußball, Books on Demand Norderstedt 2013, ISBN 978-3-7322-8108-4.

Wolfgang Schnepper: Herz, Sport, Fitness und Gesundheit, Sportverlag Linwolf 1995, ISBN 3-98044212-0-1.

Manfred Claßen, Wolfgang Schnepper: Taktiktraining im Jugendfußball, Books on Demand Norderstedt 2011, ISBN 978-3-8423-6372-4.

Manfred Claßen, Wolfgang Schnepper: Taktiktraining im Jugendfußball 2, Books on Demand Norderstedt 2012, ISBN 978-3-8391-8830-9.

Manfred Claßen, Wolfgang Schnepper: Pressing mit System, Books on Demand Norderstedt 2012, ISBN-3-8482-1208-8.

Grüne, Hardy: Fußball-WM-Enzyklopädie 1930–2006, AGON-Sportverlag, Kassel, 2004, ISBN 3-89784-261-0.

Hans J. Müllenbach: *Fussball-Weltmeisterschaft Italien 1934*, 1991, ISBN 3-86125-001-2

Raphael Keppel: WM 34 – *2. Fussball-Weltmeisterschaft 1934 in Italien*, 1990, ISBN 3-928562-00-2

 # Literaturverzeichnis

Markus Alexander: *Cristiano Ronaldo – Der neue Fußballgott*. Baltic Sea Press, Rostock 2009, ISBN 978-3-942129-05-3.

Luca Caioli: *Ronaldo – The Obsession for Perfection*. Corinthian Books, London 2012; ISBN 1-906850-29-1

Luca Caioli: *Ronaldo. Die Geschichte eines Besessenen*. Verlag Die Werkstatt, Göttingen 2013, ISBN 978-3-7307-0002-0.

Santiago Siguero: *Cristiano Ronaldo – La Estrella Tenaz*. Al Poste Ediciones, Madrid 2013; ISBN 84-15726-06-6.

Luca Caioli: Messi: *The Inside Story of the Boy Who Became a Legend*, Corinthian, Thriplow 2010, ISBN 978-1-906850-11-1.

Messi. Ein Junge wird zur Legende. Verlag Die Werkstatt, Göttingen 2013, ISBN 978-3-89533-746-8.

Friedemann (Hrsg.): *WM Italien 1990 (Fußball Weltmeisterschaft)*, Verlag Carlsen, 1991 Hamburg, ISBN 3-551-45304-7.

Christoph Biermann et al.: *1974 Deutschland. Süddeutsche Zeitung WM-Bibliothek*. Süddeutsche Zeitung, München 2005, ISBN 3-86615-156-X.

Kay Schiller: WM 74: *Als der Fußball modern wurde*. Rotbuch. 1. Aufl. 2014. ISBN 978-3867891943.

 **Notizen**